ANDERE UMSTÄNDE

Julia Zejn

ANDERE UMSTÄNDE

avant-verlag

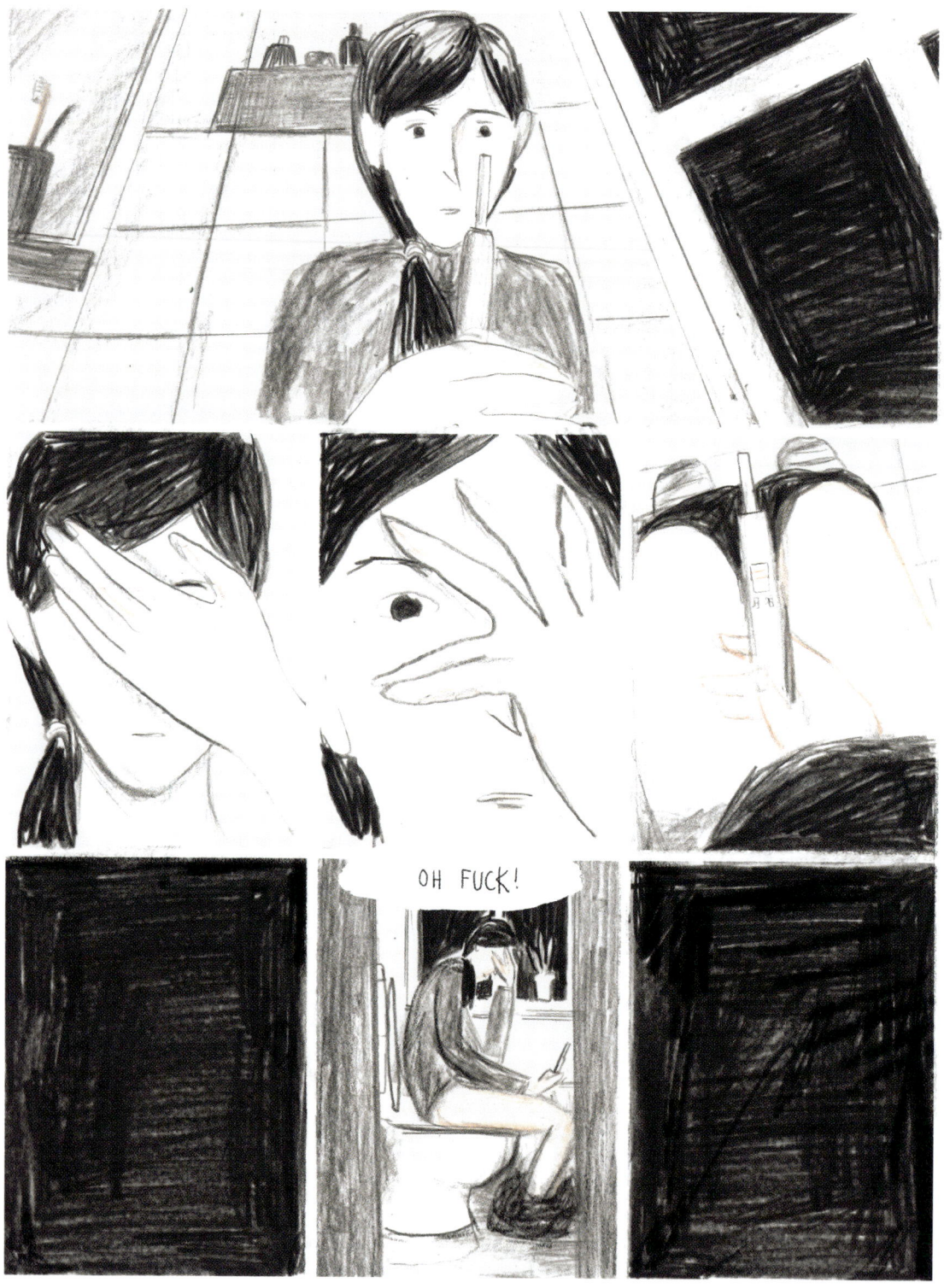

Zwei Jahre vorher

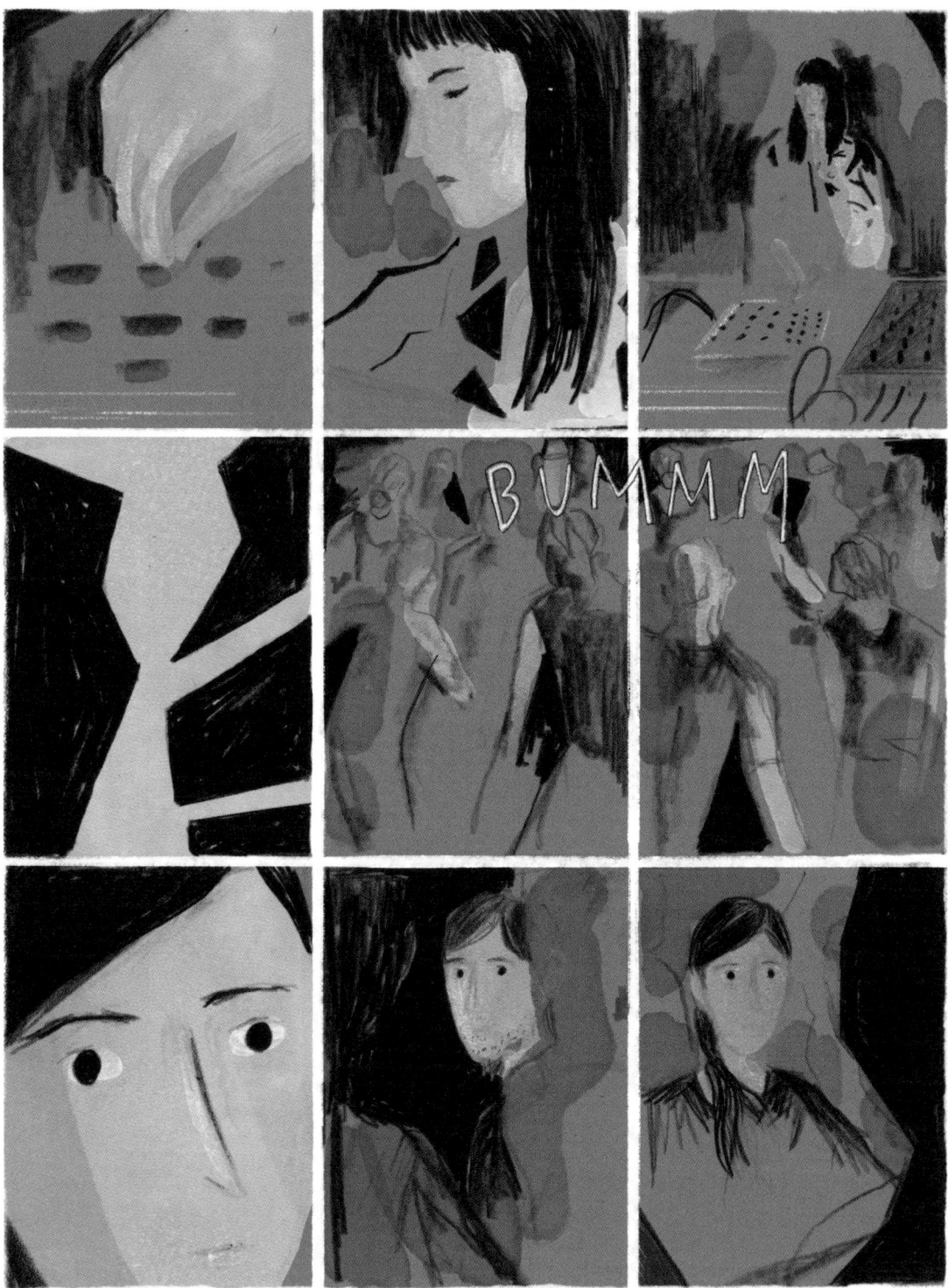

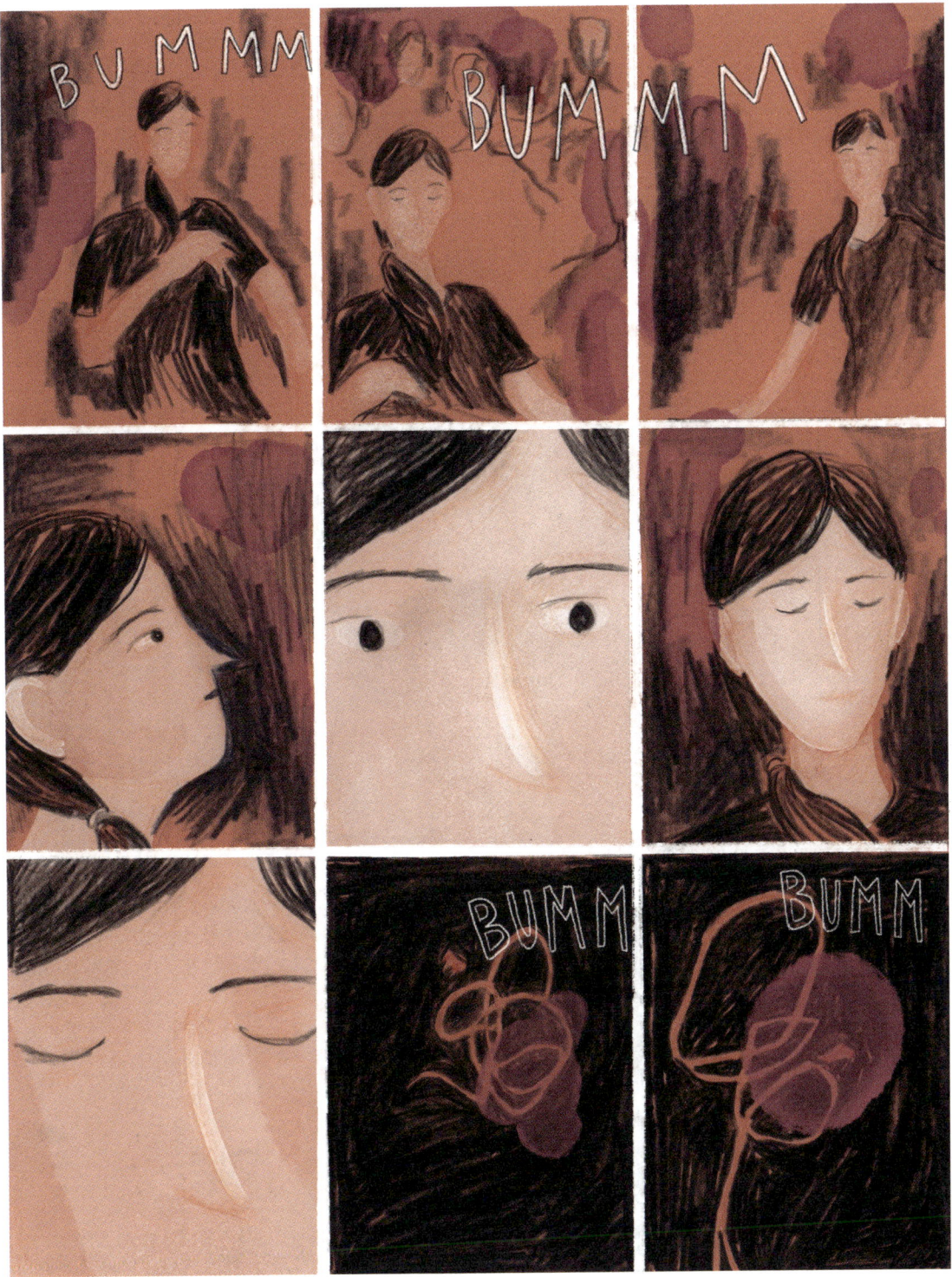

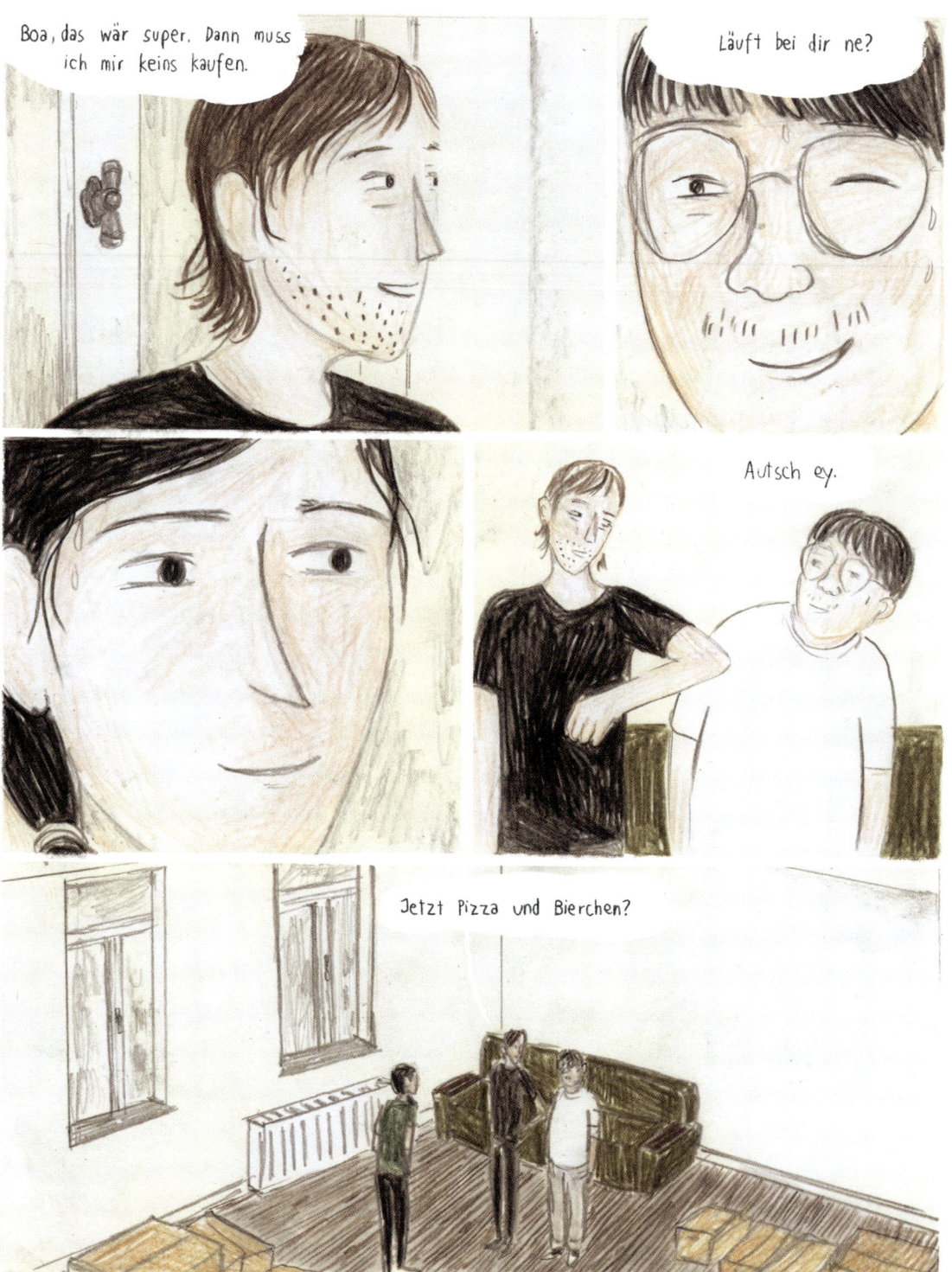

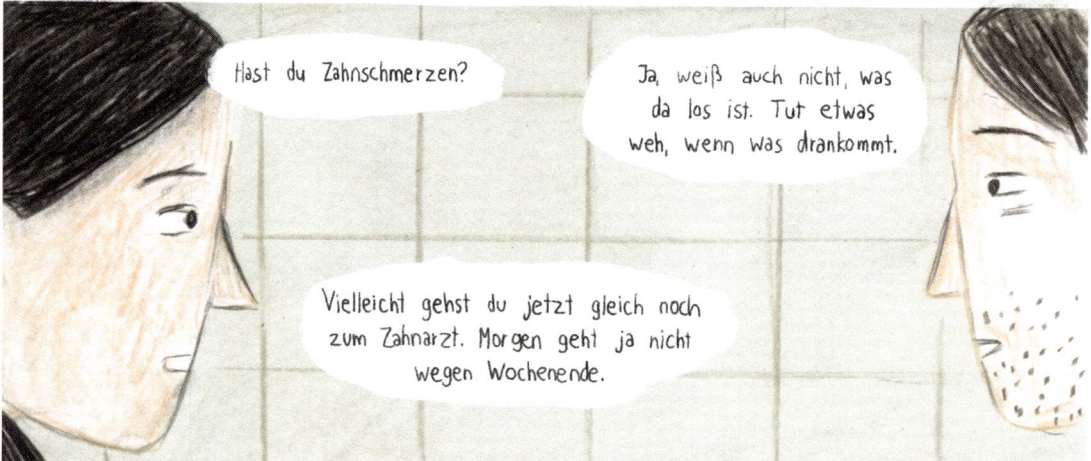

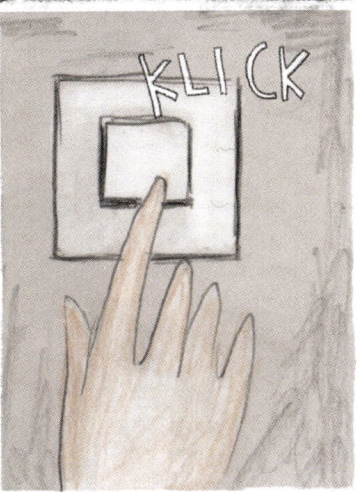

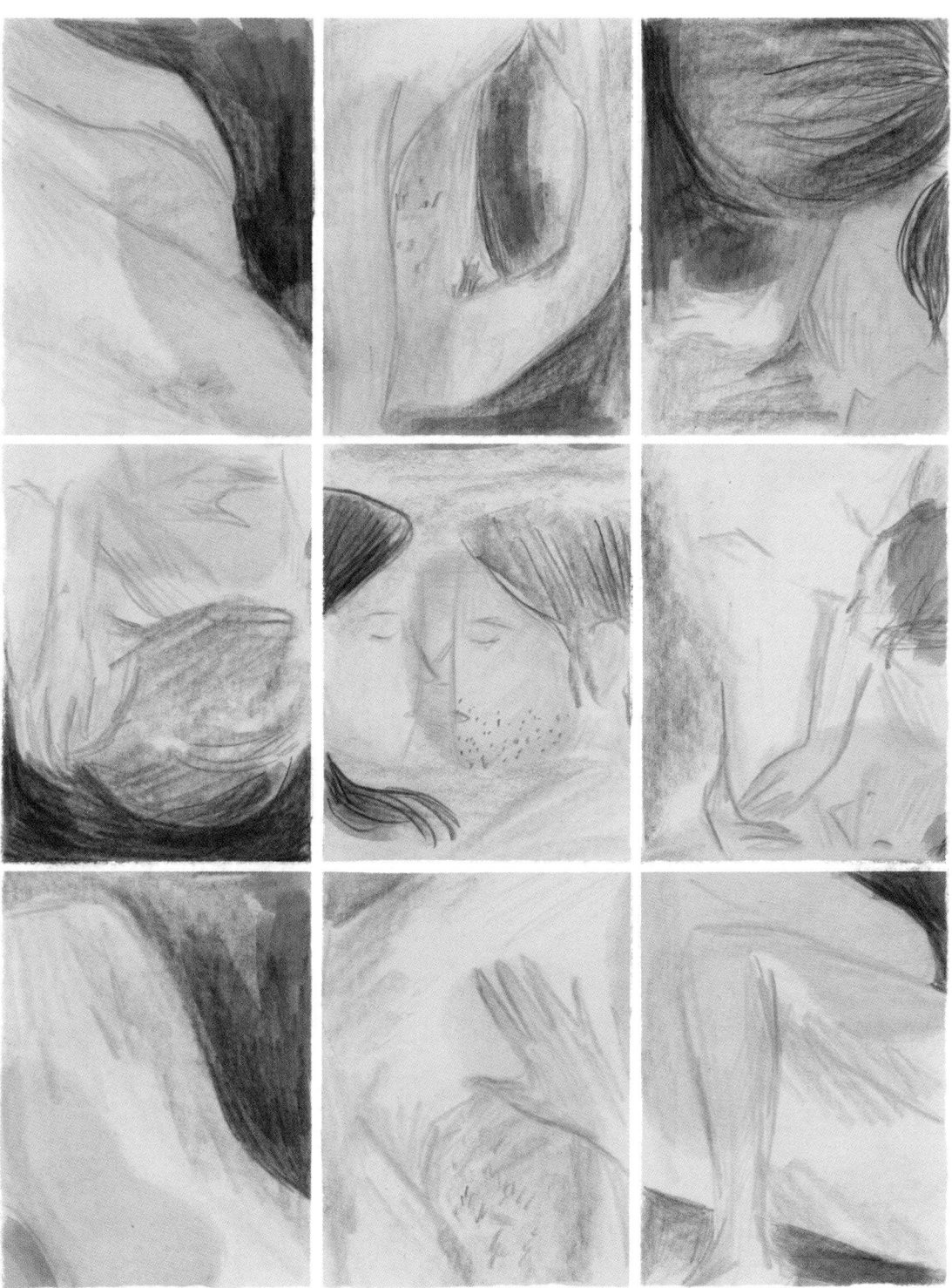

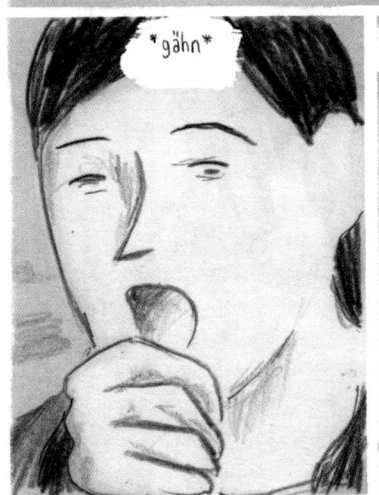

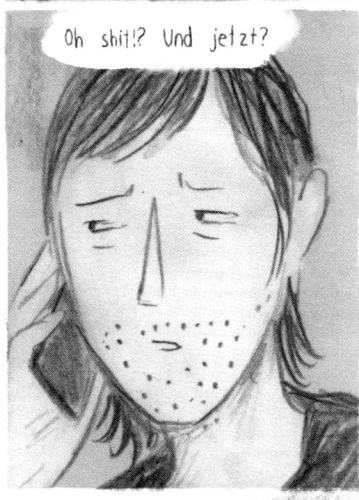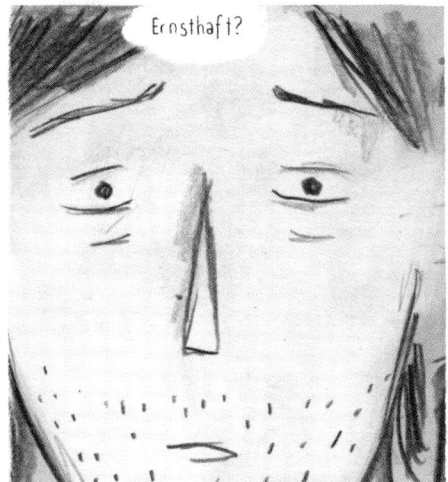

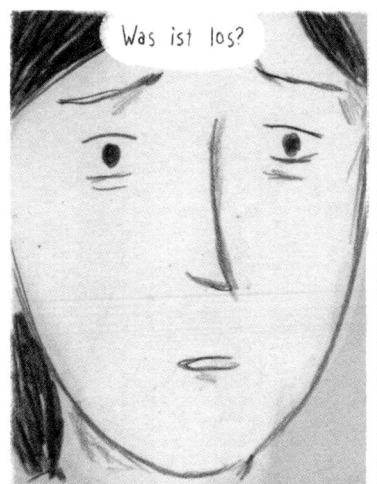

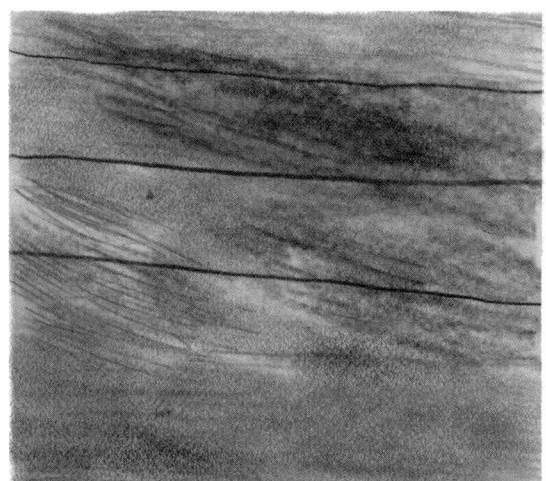

Wie schön.

Es ist natürlich deine Entscheidung, was du tust, ich würde dir nicht reinreden.

Aber ich würde es schön finden, Vater zu sein.

Und wir würden das alles hinbekommen. Ich lege am Wochenende auf. Du kannst unter der Woche arbeiten. Und du müsstest nichts aufgeben.

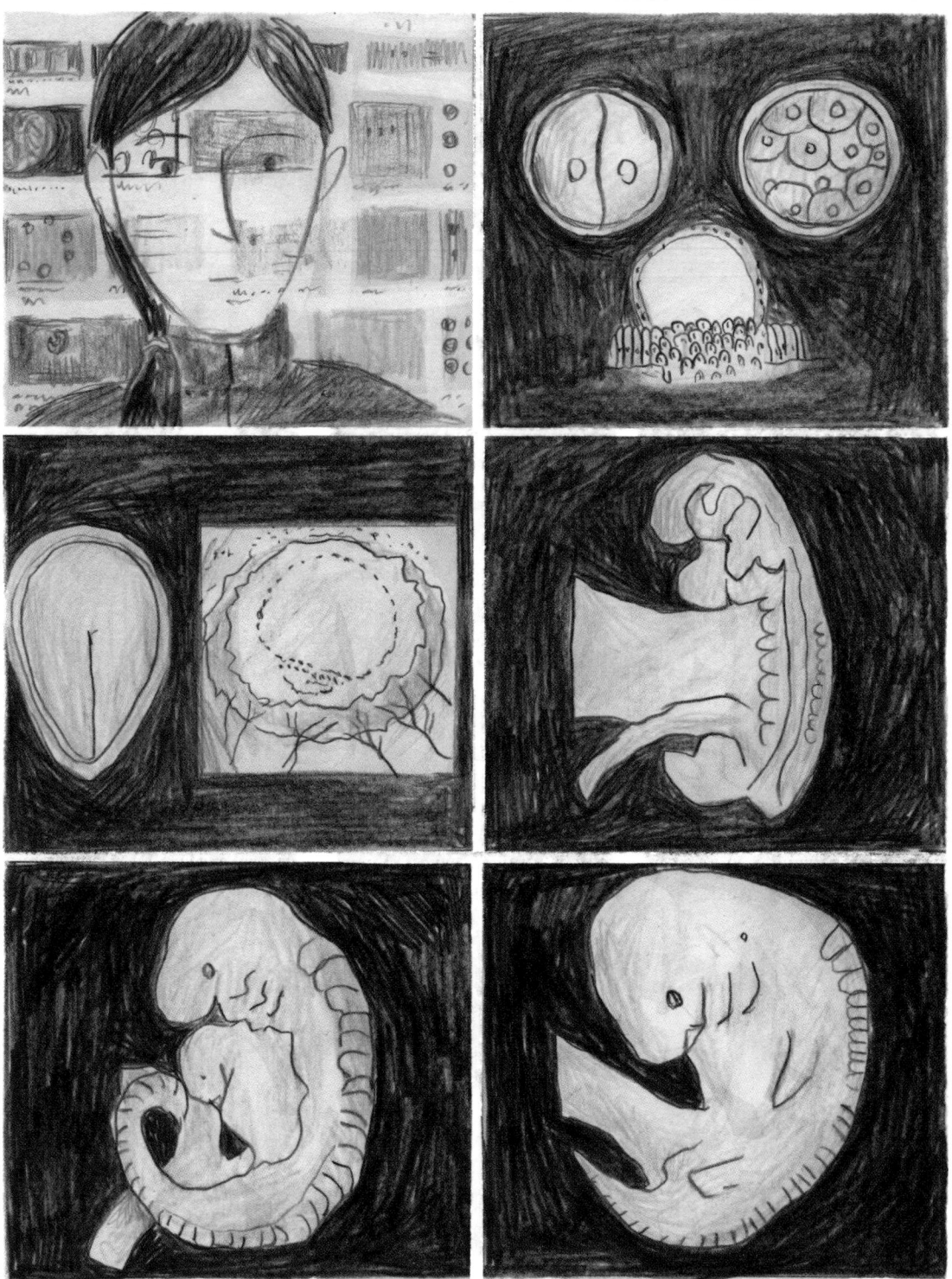

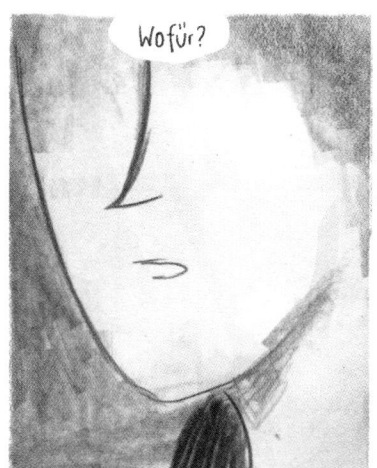

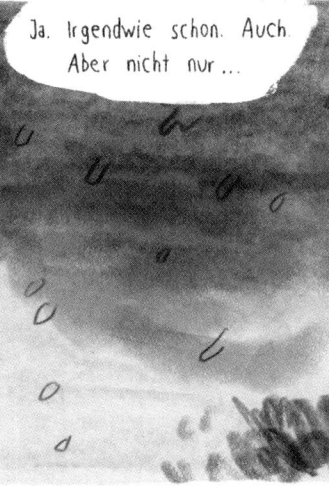

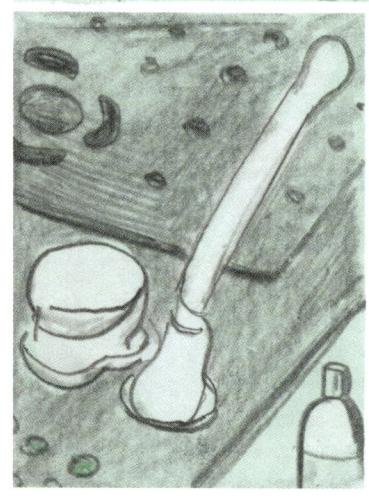

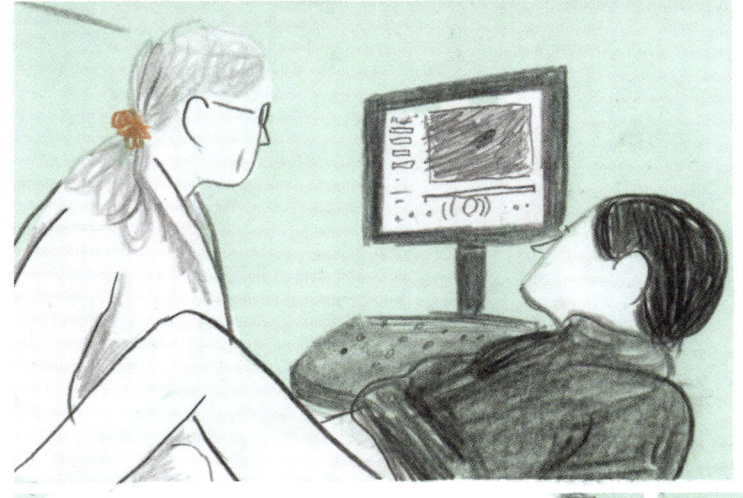

Ich bin mir sicher.

Fünf Jahre später

Danke an …

die betroffenen Personen, die mir das Vertrauen entgegengebracht haben, mit mir über das Thema Schwangerschaftsabbruch zu sprechen.

Außerdem Danke an Bastian Rottinghaus, Silvia Dierkes, Jennifer Daniel, Justina Fink, Matthias Lehmann, Claus Daniel Herrmann, Lisa Frühbeis, Simon Haehnel, Rrose, Sebastian Oehler, Heidemarie Siegel und Johann Ulrich

Ebenfalls von Julia Zejn im avant-verlag erschienen:

Drei Wege
ISBN: 978-3-945034-99-6
184 Seiten, Softcover, vierfarbig
25,00 €

Andere Umstände
Text und Zeichnungen: Julia Zejn
ISBN: 978-3-96445-064-7

© für die deutsche Ausgabe, Julia Zejn & avant-verlag GmbH, 2021

Lektorat: Sebastian Oehler & Johann Ulrich
Korrekturen: Chloe Alberti & Henrieke Markert
Herstellung: diceindustries
Herausgeber: Johann Ulrich

avant-verlag GmbH | Weichselplatz 3-4 HH | 12045 Berlin
info@avant-verlag.de

Mehr Informationen und kostenlose Leseproben finden Sie online:
www.avant-verlag.de
facebook.com/avant-verlag